RENATO

# alma

IGNACIO

# verde

DA SILVA

rigsil

Coordenação editorial, projeto gráfico da capa e quarta capa, diagramação, fotos e ilustrações de Rigsil (pseudônimo artístico do autor).



---

Capa — Rio Paru (afluente do Amazonas).

ALMA VERDE

---

Uma edição da:
RENIG — Editora e Assessoria Publicitária.
Rua Capitão José Leite, 160-B.
Centro — Itaquaquecetuba — CEP 08580 — São Paulo — Brasil.
Vendas: Catavento Distribuidora de Livros.
Rua Conselheiro Ramalho, 928 — Fone: 289-0811 (PBX) — São Paulo.

**Por que destruir a milenar beleza natural,**
**se o homem não sabe fazer outra jóia igual?...**

Dedico este livro àqueles
que tinham tudo e não sabiam...

Feliz era o povo do passado
que recitava ingenuamente:

"A desgraça do pau verde
é ter um seco encostado,
vem o fogo, dá no seco,
e fica o verde queimado."

Hoje tem o fogo aumentado,
mercúrio, veneno mortal e
hidrelétrica do pecado...

Tudo o que há de mais belo
no planeta, vem da natureza.
Por que então ilustrar o livro
com florestas incendiadas,
terras calcinadas, rios poluídos,
populações nativas famintas
e errantes?

Escolhi entre fotos de minha
autoria, algumas para mostrar
as belezas da nossa terra.
Assim como estes meus poemas
são também uma singela homenagem
ao verde, e outras preciosidades
da Amazônia, que não podem
desaparecer...

**Renato Ignácio da Silva.**

# SUMÁRIO

RENATO IGNÁCIO DA SILVA

# alma verde

Série ''Horizonte de encantos''
''Alma verde'', ''Grunas'':
150 poemas e 211 fotos.

# ÁGUA.

Quem poderá deter a ira apocalíptica dos elementos da natureza, quando eles trouxerem os frutos das desarmonias e desequilíbrios introduzidos pelas arbitrariedades humanas?...

80 foi a década da destruição na Amazônia!

Nunca se poluiu e destruiu tanto no país. Como se não bastassem os flagelos do machado, do mercúrio e do fogo, entramos em nova fase malígna para o verde: a construção de usinas hidrelétricas.

A mentalidade nacional em ação. Enquanto Israel conseguiu florescer um deserto, o Brasil submergiu Sete Quedas — uma relíquia que a natureza levou 50000 anos para esculpir. Não existe outra sequência de quedas d'águas tão linda no mundo...

Os incêndios gigantescos e monstruosos provocados pelo homem nas florestas amazônicas centenárias, o mortal mercúrio depositado nos leitos dos rios, pelos garimpeiros, tem agora novo aliado na destruição não só do verde como dos animais em geral e em especial das vidas de índios e caboclos.

A construção impensada de tantas usinas hidrelétricas causam muito mais prejuízos do que benefícios. Ocasionam danos econômicos, ambientais e sociais, irreversíveis.

Há projetos de 76 novas usinas hidrelétricas na Amazônia que irão inundar cerca de 80 mil quilômetro quadrados de florestas — uma área equivalente ao Estado de Santa Catarina, prejudicando todo o ecossistema. Não se sabendo ao certo o que irá acontecer com a flora e fauna, o que vai significar para a natureza brasileira.

Em termos de resultados, o máximo que se conhece é a experiência das hidrelétricas já construídas e mal, na região, como Tucurui e Balbina, dois exemplos vivos da incapacidade da Eletronorte (Centrais Elétricas do Norte do Brasil S.A.) em lidar com questões do meio ambiente.

Em Tucurui fechou-se a barragem para formação do lago antes da retiradas da floresta. O Brasil perdeu milhões de dólares em madeiras nobres, arrasou pelo menos 6500 quilômetros quadrados de riqueza natural e ganhou em troca um lago e um rio seriamente poluídos pela floresta apodrecida.



Desastres como esses obrigam os bancos internacionais a suspender os financiamentos ao setor energético, a partir de pressões de entidades ambientalistas mundiais. O enfoque dado ao meio ambiente é basicamente o mesmo dos últimos anos. Enquanto existem hidrelétricas projetadas ainda maiores do que Tucurui, em regiões ecologicamente mais ricas e diversificadas. Ou seja, onde o impacto ambiental poderá ser pior do que Tucurui.

Entre essas usinas que serão construídas até o ano 2000, as do Xingu, certamente estão em primeiro lugar. Os ecossistemas terrestres e aquáticos da região são tidos simultaneamente como os mais complexos, menos conhecidos e mais ameaçados do planeta...

As operações de resgates dos animais mostrados nas televisões não servem para nada, porque os animais salvos são transferidos para a floresta da margem, que já está ecologicamente ocupada. Não encontram nenhum espaço vazio, onde possam ter abrigo, alimentação e ambiente para a reprodução, os três itens básicos à sua sobrevivência. Pior: eles vão encontrar a concorrência dos animais que estavam lá antes, vão brigar para ficar e dessa perturbação pode resultar alta taxa de mortalidade de ambos os lados. Ou seja, além de apenas protelar a morte dos animais salvos, o resgate ainda provoca baixas entre aqueles que não seriam afetados pela barragem.

Há outro problema, os moradores da região logo descobrem onde são os pontos de desembarque e matam para comer os animais resgatados como aconteceu em Tucurui...

O resgate falso dos animais ilhados, exibidos como ato de humanidade, também conduz a um verdadeiro "bordel genético". Muitas espécies que só habitavam uma margem do rio, largo demais para ser atravessado, são inadvertidamente levadas para a outra margem e dali se cruzam com espécies próximas dando origem a descendências estéreis ou raças misturadas. Mistura que pode conduzir a altas taxas de mortalidade, quando se coloca em contato uma espécie portadora de uma determinada doença, com outra que não é resistente.



A par dos efeitos da barragem sobre a vegetação e a fauna, existem também outros impactos na área de influência da hidrelétrica, que raramente são avaliados nesse tipo de obra. Numa região intocada, como a da bacia do Xingu, os canteiros de obras, estradas, áreas de reassentamento de colonos e índios, espaços de empréstimos de materiais e áreas ocupadas pelas linhas de transmissão podem ter um impacto equivalente ao do lago sobre os ecossistema, ou até maior.

Sem contar que existem impactos indiretos dos quais não se ouvem falar mas que existem, como a elevação do lençol freático e a consequente morte de vegetação por afogamento.

Vem o apodrecimento das águas. As árvores e as folhagens não retiradas e imersas entram num processo de decomposição que libera principalmente, gás sulfrídico e gás metano, além de tornar a água muito ácida e imprópria para o consumo. Hoje, anos depois da formação do lago de Tucurui, toda a população ribeirinha e todas as cidades abaixo da barragem estão impedidas de usar a água do rio Tocantins. A tentativa de furar poços para substituir o abastecimento feito pelo rio também se frustrou: a poluição já atingiu o lençol freático e nada indica que esta situação vá regredir em breve.

O problema não era desconhecido da Eletronorte (empresa de péssima imagem internacional), que enviou seus técnicos para conhecer uma barragem no Suriname, onde os trabalhadores foram obrigados a usar máscaras durante dois anos contra gases e seis anos após o início da operação da usina, foram necessários reparos ou reposição dos equipamentos, corroídos pela acidez da água.

Nenhuma providência foi tomada para evitar o erro em Tucurui ou Balbina e não existe nenhum plano conhecido que indique mudança de atitude em relação às outras 76 usinas hidrelétricas projetadas pela Eletronorte na Amazônia...

Em termos de impacto ambiental e social de suas obras, alegando que os efeitos negativos seriam mínimos, falta ainda à Eletronorte compreender a linguagem dos ambientalista e antropólogos. Na verdade, os índios da zona da influência das hidrelétricas do Xingu pertencem a povos distintos, com línguas diferentes e territórios tradicionais. Transferí-los seria destruir sua sociedade e cultura ou até extingüir sua condição de povo.

No tocante à fauna e vegetação, a posição da Eletronorte soa, no mínimo, ingênua. Reiteradas vezes os relatórios e representantes da empresa falam em reservatórios "apenas um pouco maiores do que o leito natural do rio em tempo de cheia". Ora, é sabido que o regime destes rios é extremamente variável da estação seca para a estação chuvosa. Quase toda a vegetação e fauna locais, bem como as populações ribeirinhas, dependem dessa variação para sua sobrevivência e reprodução.

A simples transformação desse rio que enche e esvazia em um espelho de água fixo já produz o considerável impacto ecológico. O que dirá se a área do reservatório for ainda maior do que o leito natural em tempo de cheia. Isso, sem contar os impactos mais sérios, relativos à qualidade da água, emissão de gases tóxicos provenientes da decomposição da floresta inundada e, no caso específico do rio Xingu, a perda de inúmeros **habitats** únicos e riquíssimos...

A derrubada da floresta, além de trazer poucos resultados econômicos, provoca efeitos nocivos ao regime de chuva em toda a região amazônica.

Na floresta a terra absorve a água, que alimenta as raízes das árvores e volta para a atmosfera através da transpiração das folhas. O ciclo se completa com a transformação das nuvens em chuvas. Esse fenômeno representa mais da metade de todo o ciclo hidrológico da região, com efeitos no regime de chuvas de toda a América do Sul.

O plano da Eletronorte que prevê a construção de 76 usinas hidrelétricas e 85 barragens na Amazônia provocará uma inundação sem precedente.

A hidrelétrica de Balbina, no rio Uatuma, próxima a Manaus, (outro desastre ecológico como Tucurui) inundou 2360 quilômetros quadrados da floresta (alagou uma área igual a sete Baias da Guanabara); formou 1500 ilhas e bilhões de litros de água estagnada, além de provocar a perda de milhões de metros cúbicos de madeira; sepultando 200 milhões de dólares em troncos nobres. Custou cerca de um bilhão de dólares para produzir míseros cem megawates de energia. Sua produção será insuficiente até mesmo para abastecer o Distrito Industrial de Manaus.

Se 80 foi a década dos incêndios e mercúrio espalhado, 90 será a década do afogamento da Amazônia!

Os ecologistas não são contra o progresso, mas todos combatem a falta de avaliações das perdas e dos efeitos negativos...

**Renato Ignácio da Silva**

# alma verde

RENATO IGNÁCIO DA SILVA



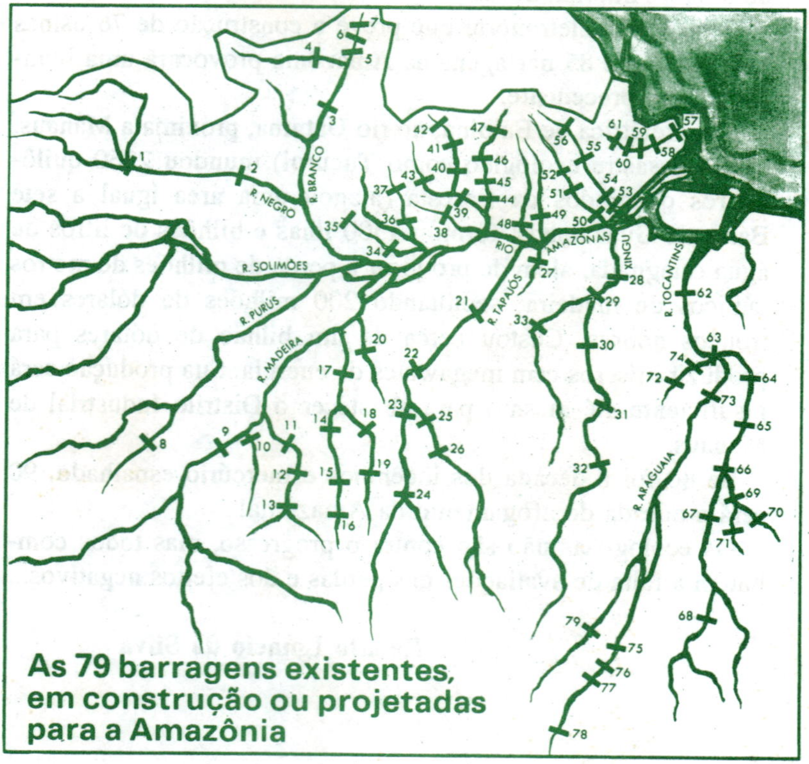


**As 79 barragens existentes, em construção ou projetadas para a Amazônia**

# ALMA VERDE

*Da série*
*"Horizonte de encantos"*
*de Renato Ignácio da Silva.*
*Poemas e fotos sobre a Amazônia.*
*"Alma verde", "Grunas".*

## *Jóia falsa.*

*Por que sujar a água que trabalha*
*num tear natural há tempos e tempos,*
*o processo hidrográfico da planície,*
*e colocar em seu lugar, na terra do tapir,*
*a usina hidrelétrica prejudicial?*

*Por que colocar a luz opaca do chuvoso*
*em céu de anil,*
*o barrento nas águas puras?*

*Por que mexer no ninho de peixes de escamas,*

*pescada, tambaqui, piraiba e a jaturana?*

*Por que alterar pântanos e igapós*
*de capim agreste, terreno aluviônico,*
*lençól líquido afunilando em rebojos?*

*Por que destruir a milenar beleza natural,*
*se o homem não sabe fazer outra jóia igual?*

## *Triunfo das águas.*

*A brisa agitava as palmas delicadas do açai dolente*
*a água descia borbulhando por sobre solapões*
*num diálogo a interromper a modinha ingênua soluçada*
*nos sons de seriemas e preás do rebelde cerradão*
*de mulas sem-cabeça, do caboclo rezador, saci-pererê.*
*Coqueiros de macaúbas por sobre o sapê bravio*
*maciços matagais sombrios a perder-se na vastidão*
*onde sopra rijo o vento nas palmas dos buritis.*
*O barulho natural da selva bruta parou por encanto*
*encerrou a sinfonia de grilos, cigarras e rãs-pimenta*
*até o uirapuru silenciou a garganta de ouro, aveludada,*
*no oásis luxuriante de ramas, um perpassar de brisa!*
*Uma só razão do espanto na mata de mistério*
*quando despiu-se a morena, estátua de carne brônzea*
*a procurar águas puras, cristalinas, da montanha.*
*Entrou sem a menor cerimônia, contagiante sem poder.*
*O líquido em homenagem a tal beleza, tão pura e bela*
*abriu-se num claro diante de raio maior que o sol...*

*A mata foi testemunha do desaparecimento da moça,*
*com inveja da água egoísta que a prendeu para sempre*
*em seus braços de serpente afogando-a em desejos.*
*Apesar dos gritos de fauna e flora em desespero*
*e das águas da Amazônia, em delírios triunfantes...*

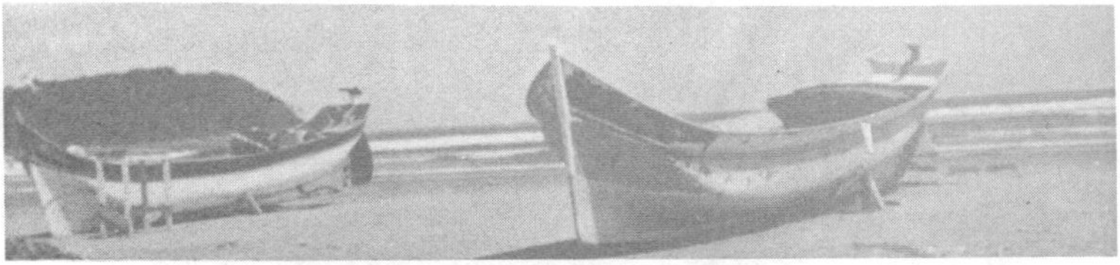

## *Ninho da noite.*

*Somente uma entre as inúmeras, supera*
*a beleza da folhagem lustrosa*
*na encosta das colinas,*
*nascentes orladas de ramificações,*
*em risonhos córregos a banhar*
*a luxuriante e vigorosa vegetação*
*verde acetinado onde transborda a vida.*
*Igapós na claridade da floresta de gnomos*
*pio de aves perdidas no mormaço*
*por entre pindaíbas e buritis*
*borboletas azuis, amarelas, vermelhas*

*a circular copas de ipês.*
*A casinha de sapê em grupos de rochas*
*tendo o sol em raios dourados*
*palmilhando matas virgens*
*fragmentos de muralhas verdes...*

*É a beleza da cabocla em noite calma*
*longos cabelos negros a bailar*
*pomba-rola a brincar na areia morna*
*envolta em luar a criar mil fantasias...*

*Mais quente que o crepitar do fogo*
*em palha de acuri, ela treme em desejos.*
*Mais fresca que a aragem a sacudir*
*o cimo do arvoredo, sacia a sede*
*como água pura, do feliz passante...*

*Touceira orvalhada e perfumada, companheira*
*fiel até na estiagem da manhã...*

*Mais bela que a flor roxa do maracujá,*
*atravessa a madrugada como chuva fina*
*e continua, a apagar a brasa viva*
*dos incontidos, desenfreados fogos da paixão.*

## *Árvore — Glória da natureza.*

*Mulher de cabelos verdes*
*de braços bem erguidos*
*tronco de esmeralda*
*impávido gigante*
*aráuto da alegria*
*de flores deslumbrantes*
*num cordão de lágrimas*
*que o sol da alvorada banha*
*onde nasce o alimento*
*seiva flor e fruto*
*polpa e semente*

*mel e sumo*
*pólen e clorofila*
*ninho no caminho*
*pouso de águia*
*na mata florida*
*mosáico de cores alegres*
*fera a esbravejar*
*glória da natureza!*

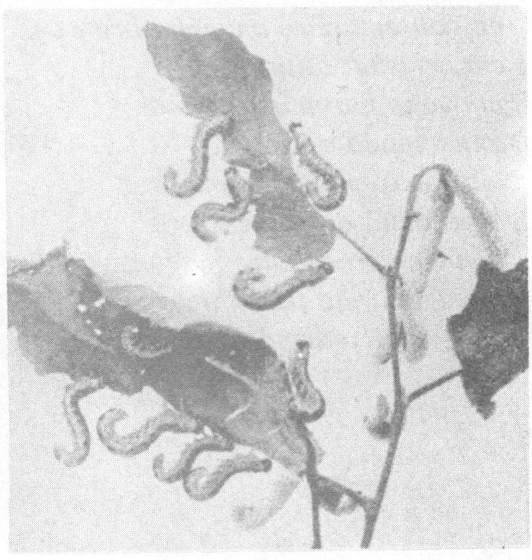

25

## *Cântico triunfal.*

*Na glória matutina das copas*
*por entre sombras maternais*
*da brisa tão calmante*
*uma estranha melodia chegou*
*vibrando no ar no céu*
*de fulgural estelário*
*angélico sopro em ramagem*
*a embriagar florestas*
*de pau-amarelo, imbaúba-branca*
*em celestial altura*
*um vago murmúrio quente*
*anunciando nostalgia*
*afastando males da mata*
*a peçonha da serpente*
*as incompreendidas mágoas.*
*Foi Deus não permitindo*
*chegar o civilizado atrevido.*

## *Copas floridas.*

*Assistindo aos mais belos espetáculos:*
*da migração de borboletas amarelas,*
*chuva de pétalas das árvores ribeirinhas*
*entregues aos devaneios. Durante a madrugada.*
*Os desenhos e ornamentos em tintas da tabatinga*
*do carajuru, cumaté, tauá. Com a luz do dia.*
*Cabeleiras verdes esparsas ao vento refrescante*
*do matagal bravio em contagiante delírio*
*quando já faz-se a noite na floresta,*
*eis o supra-sumo da felicidade...*
*No vôo rútilo dos guarás a despertar perfumes,*
*fragrâncias de uapés em flores majestosas...*

29

## *Boi-bumbá.*

*Na noite de São João que se encontravam,*
*os rivais de todos os anos na esperança,*
*de poder levar vantagem um sobre o outro,*
*onde em plena multidão tiravam sem parar*
*a sorte, cantavam e sem igual dançavam.*

*Gente simples no largo preparo da festança,*
*do boi-bumbá, entre emas e siriemas a animar.*
*De colhereiros e jaburus, à cabeça-secas,*
*agitando os foliões em romarias incríveis,*
*nas vias sacras de casa em casa, as pencas,*
*dançando a noite em passadas impossíveis.*



*Eis que, os bois se encontraram de repente,*
*armados para a contenda folclórica, animados.*
*Uns, de um cordão não querendo ceder rente*
*para outros, menor espaço para as diabruras.*

*Quando a polícia chegou para intervir no ato,*
*entre foliões jazia o corpo comprovando o fato,*
*de Odorico, o mais fiel cantador da região,*
*fora esfaqueado, caido por entre a pedra fria,*
*enquanto os passantes prosseguiam, agitados,*
*com pandeiros e dançando até raiar o dia,*
*terminando a rixa, disputa entre Odorico e Adão.*

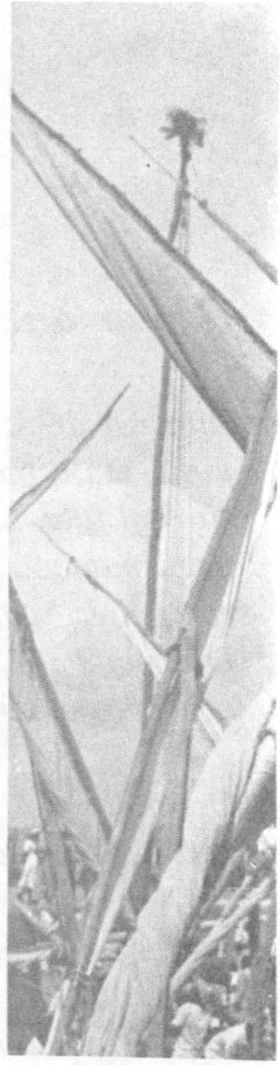

## *O pior animal*

*Riqueza de tartarugas iurara-assu, tracajá, mussuã,*
*pitiu, mata-matá, nunca encontrada em outras paragens.*
*Nuvem falconídea de gavião-tesoura, come-cobra, pintado,*
*pega-macaco, gavião-uruá, gavião-pombo exibindo cores,*
*rompendo tudo, atravessando os céus, do cauré ao acauã.*
*Dos macacos, guariba, caiarara, balançando nas ramagens,*
*o prego, o de-cheiro, de cipó em cipó, e o ativo cuxiu.*

*Cercados de borboletas em mil desenhos e beija-flores,*
*que vão do vermelho, branco, roxo, verde, azul e amarelo.*



*Até que surge um mal disposto a interromper na frente,*
*a festa da natureza: alegria da vida, exibição do belo,*
*logo ele, por todos considerado exemplo e mais perfeito,*
*a máquina inigualável, maior, supra-sumo do ser vivente.*
*Provando a ironia do destino, no ato, em desmoralisar,*
*a máxima criatura, orgulhosa de bater no próprio peito.*

*Paradoxo dos paradoxos, algo para o próprio meditar:*
*a inteligência fez do homem, o pior animal existente...*

## *Cenário emoldurado.*

*O rio Amazonas rompendo em ziguezague perene*
*desliza como corda líquida, abaixo do pau-darco*
*na penumbra das umbelas da ingarana.*
*Artérias fluviais completam a grandeza sem igual*
*da selva da Amazônia de mapas e roteiros.*
*No turbilhão flúvio das águas*
*a colher vagens medicinais, raízes aromáticas*
*das margens dos igarapés, banha a massa vegetal.*
*Beijado por brisa leve o regime potâmico*
*atinge pântanos e savanas infinitas.*
*Desenha o harmonioso perfil amazônico,*
*fecundo, abundante, delicioso.*
*Ajuda a amenizar o calor por entre cambucazeiros*
*que completa com a ventilação dos alísios...*

## *Canto da aragem.*

*Matagal dormindo em paz*
*úmido de choro crepuscular*
*entre astros palpitantes,*
*como pássaros implumes*
*na longa solidão azul*
*de puro verso em meio.*
*É acordado pela aragem*
*de angélico sopro*
*que palpita nos ramos*
*música divina a agir*
*de esplêndido semeio*
*acorda pássaros de fogo*
*desperta flores virginais.*

## *Alma da natureza.*

*Cantiga da estrada além*
*entoa por todo lado*
*por entre a relva brilhante*
*nas florestas irmãs gêmeas*
*entre espelhos de silêncio*
*como soltas páginas velhas*
*de versos mal rasgados*
*de poemas cheios de sonhos.*
*Nos troncos verdes desertos*
*carregados de tempo incerto*
*de macias sombras do passado*
*nos fios de luar carregam*
*esmeraldas frutas do amor.*

## *Procela selvagem.*

*Nas calmarias da primavera*
*é planta a germinar botões*
*folhas esguias tranquilas*
*no manto verde-azul*
*entre juncais do lago*
*que a brisa plange*
*gerando flocos coloridos*
*dando abrigos a namorados.*

*Quando chegam os temporais*
*o arbusto gemendo em terra*
*varrendo túnica de flores*
*como lascivo anelo*
*envolvendo nos braços verdes*
*agarra o mais que pode.*

*Não fora a rijeza da raiz*
*a bem temperada seiva*
*na mata que soluça e esbraveja*
*no estrondo da selva escura*
*a clamar ansiosamente*
*não mais existiria.*

*Lembra bem um ser humano*
*na luta do dia-a-dia quando*
*tem que arcar na ventania*
*acompanhando o furacão*
*ou quebrar-se de vez na vida...*

## *Vagaluminando.*

*O vagalume no tronco da quarúba, mestre sinaleiro,*
*comunica-se por meio de simbolismo luminoso,*
*mal cai a noite, à sua moda, ágil, busca lampeiro,*
*sem temores a fêmea certa em gesto carinhoso.*

*Ela se não aceita fica quieta não se move em nada,*
*espreita apenas a passagem do boêmio namorador.*
*E mesmo quando aceita o flerte faz-se de rogada,*
*finge que não quer dar confiança ao conquistador.*

*No entanto se pretende logo aderir, dá com o piscar*
*brejeiro de fosforescente claridade e aprova.*
*As luzes de ambos se apagam no silêncio da mata,*
*e pronto. Na escuridão da noite a vida se renova...*

## *Bravo da caatinga.*

*Não é mimosa e bela*
*a viver na aragem fria*
*em clarinada de pássaros.*
*Enfrenta hálito quente*
*do sol na fecundação*
*como ouro flamante em seca*
*sem mil pássaros nos ramos*
*a bebericar na floresta.*
*A seiva é alma de poeta*
*das caatingas sertanejas*
*árvore amiga e boa*
*mandacaru de espinhos*
*bravo como caboclo solitário*
*na pulsação secreta*
*de lágrimas em rimas*
*sem o brilho da primavera*
*nem ramaria a vestir tronco*
*um magro mártir a servir*
*em silêncio treva e solidão...*

## *Só isso?...*

*A nívea corola da vitória-régia*
*aberta*
*abaixo do miritizal de araras azues*
*no líquido espumante da cachoeira*
*vastidão de massa líquida.*
*A revoada de japis trazendo fibras*
*do açai*
*das montanhas vestidas de sol.*
*Precisa algo mais para sintetizar*
*beleza?*
*Que ainda é enfeitada com o bater*
*incessante das asas agitadas*
*dos colibris!...*

## *Cantiga da mata.*

*As águas passam a rolar*
*levando o mal existente*
*soando a recados vivos*
*no sol como prata quente*
*deixados por mãos pesadas*
*de machados destruidores*
*nos caminhos verdolengos*
*em selva de encantamentos*
*de macaúbas e pracaúbas*
*onde deviam viver somente*
*entre as tramas das lianas*
*os puros na relva crespa*
*muito longe do pecado...*

## *Índole pacífica.*

*O índio é um ser humano, criativo, não um animal...*
*Como julgavam-no no passado, o europeu em especial...*

*Inteligente o nativo ainda usando penas amigas*
*e empregando técnicas de rústica cirurgia*
*como prática de sutura da selva de sucuúbas*
*apelando para estranho material fornecido por formigas.*

*Usando as mandímbulas das saúvas*
*para segurar as beiras dos cortes na pele do homem*
*fazem os insetos picarem as duas bordas na medida*
*que são juntadas e então retiram o tórax e abdomem*
*da formiga deixando apenas*
*as cabeças prendendo as extremidades da ferida.*

*Dias depois encontra-se em bom caminho*
*da cicatrização, já costurada...*
*Presa por várias cabeças dessas formigas*
*substituindo a costura civilizada...*

*O tecer, o usar rede, o comer na cuia, fiar algodão*
*e tingí-los com frutos. Sentar de cócoras,*
*preferência pela cor vermelha, do milho a utilização,*
*mandioca, guaraná etc.*
*São costumes da população sertaneja; herança indígena...*
*Fortaleza de saúde a perder quando em contato realizado,*
*sua índole pacífica,*
*salvo quando torna-se vítima da maldade do civilizado.*

## *Folhas do desengano.*

*Alma linda coração em flor*
*de flocos puros*
*da luz coroando*
*folhas do desengano.*
*Na sombra amiga*
*dando de comer a pássaros*
*em frutos de pequenos sois*
*bela floração*
*até surgir o espinho*
*escondido*
*golpeando o peito amigo*
*na desilusão...*

## *Ingratidão.*

*Os guaxos são pássaros mais do que sabidos*
*que constroem seus ninhos sem sair*
*próximos da caixa de marimbondos.*
*Além de estar com certeza protegidos*
*pois nenhum bicho chega perto como estrondos*
*quando os filhotes tem fome não se atormentam*
*as mães não precisam longe seguir*
*apanham as vespas e com elas os sustentam!...*

*Como o homem ingrato faz agora sem intermédios*
*na farmácia de arbustos salvadores*
*pagando os benefícios da selva de remédios*
*destruindo sem piedade seus benfeitores...*

## *Missão.*

*Farrapos de nuvens tentam acompanhar*
*por sobre ramas e copagens da mongubeira*
*rápidos como curupiras chamejantes*
*no caprichoso mosáico multicor da selva bruta*
*no final da palpitação luminosa das estrelas*
*a brilhar a linda plumagem rósea dos flamingos*
*gansos-do-norte madrugadoras apacanins.*
*Que partem em pressa incomum da marupá*
*vão dar vida à vegetação desluzida dos igapós*
*bandos plumosos a riscar o azul do céu*
*cumprindo expressas instruções do Mestre...*

## *Selva de seio farto.*

*Amazônia refúgio da humanidade, "Oceano verde"*
*na volúpia dominadora e triunfante do arvoredo.*
*Terra do timbó, raiz que tonteia o peixe*
*e do veneno curare na ponta da flecha*
*para abater a caça em grupiaras e monchões.*
*De pedras pintadas de sombras da noite.*
*Do poraquê, enguia elétrica, orquídea orelha-de-burro,*
*da vespa caçadeira, do narcótico caapi.*
*Terra misteriosa onde o delicioso favo de mel tiúba,*
*proporciona estranha embriaguês,*
*a quem o saboreia, nos rasgões das matas.*
*Nas massa líquidas e pardas de igaparás e igapós*
*da natureza caótica, vive o terrível candiru,*
*o pirarara, cuja banha transforma o colorido*
*das penas das aves: araras, periquitos, tucanos e papagaios.*
*Infinitos tapetes de grama, onde cresce o inamui,*
*planta de onde é extraída a gasolina vegetal*
*tão útil na lamparina nos casebres da mata densa.*
*Do espinho venenoso da árvore iuruparipina...*
*Terra matriarca da América. Do pavó, da curicaca.*
*Onde a árvore de vaca quando sagrada*
*produz um líquido branco semelhante ao leite da vaca*
*e de sabor adocicado. Sustentando índios e caboclos.*
*De riquezas e magias sem igual no planeta.*
*De crepúsculo afogueado de ouro e púrpura...*

## *Ninho destroçado.*

*As aves previam algo de anormal.*
*O pato arisco*
*parecia aflito, inquieto*
*a sondar peixes que revolviam furnas.*
*Piramutabas, piraíbas, gurijúbas,*
*camorins, pirapemas, aruanãs, caratais,*
*passavam como flechas vivas*
*ante seus olhos...*

*A explosão foi como um relâmpago*
*dando início a matânça da floresta*
*no afogamento...*

*As águas calmas em castelos*
*de ninfas e deuses pagãos subiram*
*e cobriram os mais altos galhos*
*e a vida acabou graças a hidrelétrica.*

*O guará róseo largou o filhote*
*e para sempre partiu...*
*No galho ficou um gesto de perdão.*

## *Mata morena de desejos quentes...*

*Coisas do meu sertão que não podem desaparecer jamais:*
*o amanhecer no igapó na clareira da floresta de encantos*
*a perder-se na vastidão de serras e pantanais longínquos*
*por sobre a elegante ingazeira de araras e papagaios.*
*Luar emoldurando no verde-azul o macharrão esturrando*
*pela fêmea, na folhuda rama, da macega alta e alourada*
*de cipós se contorcendo a descer em cupim-casa de cobra*
*na argila barrenta da chapada: rancho da vistosa cabocla.*
*Vegetais cansados de bailar sob cardumes de estrelas*
*na claridade a ver o corpo brônzeo da atraente morena*
*ao som da distante sanfona em insistentes toques a provocar,*
*de machucar corações, ventos a ciciar buriti duro de desejo,*
*a mexer em cadência sentida, a desnudar pensamento erótico*
*a cortar almas sentidas na espera de concretizar os sonhos.*

*Mata morena que penetrarei como já forcei floresta virgem*
*em bem puxadas léguas a acalmar aflições, loucas paixões,*
*a satisfazer desejos, trilhar a vereda quente e apertada*
*da trêmula, medrosa, vacilante flor de entreaberto botão...*

## *Arte selvagem.*

*Quanto o artista trabalhou para compor no início,*
*quadro tão belo? Nas lapas, furnas e cavernas,*
*nas negras grutas, banhados, campo e precipício,*
*o piscar fuzilante azul e verde da fosforescência*
*dos pirilampos na mata salpicada de gotas de emoção*
*luminosa? O correr das aragens produzindo ternas*
*cintilações desde os dias primeiros da criação?*

*Nos troncos podres, velhos, cinzas de tramas mil,*
*prateadas no balanço das ramagens verdejantes?*
*Desde o canto mavioso da passarada, até o azul anil;*
*o ronco dos besouros da casca negra e metálica,*
*cigarras, jaquitiranabóias, morcegos e grilos raros,*
*que tanto impressionaram cientistas e passantes?*
*Emoldurados por bicudos, patativas, acauãs, caros?*

*Quanto tempo levou concluindo tais milagres não se sabe.*
*O que sei é que em pouco tempo desapareceram dos ares*
*bentevis, tangarás, saíras, arapongas e andorinhas;*
*marias-já-é dia, taguruparás, já não se vêem mais voar.*
*Tirar do céu urutais, pipiras é destruir uma jóia!*
*E acabar com a última espécie da mata é como assassinar*
*um Rembrandt, Michelangelo, Matisse, Da Vinci, um Góia!*

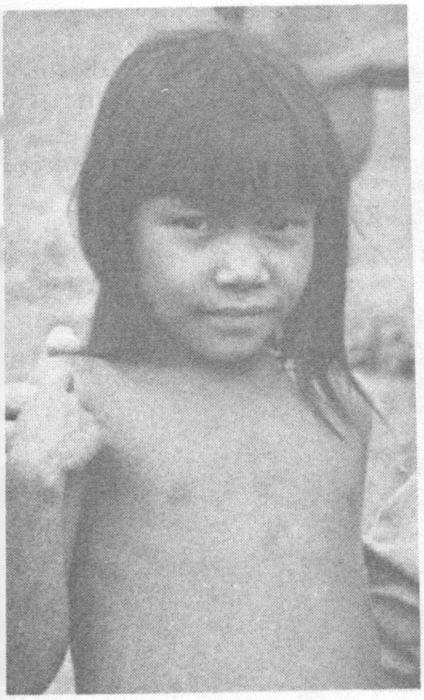

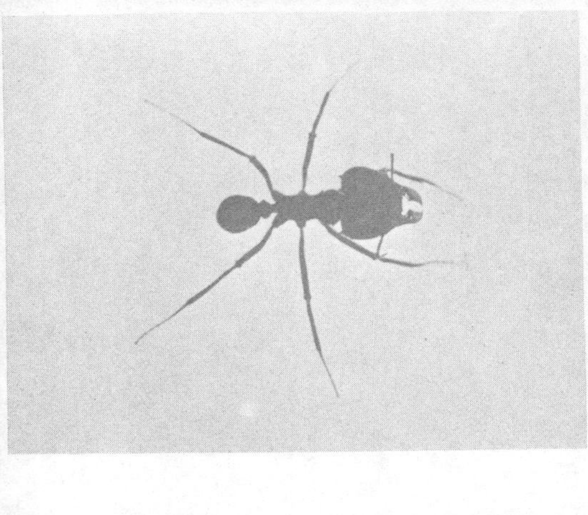

## *Beija-flor.*

*Frêmito nos cedros, freijós, sapucaias*
*quebrando a monotonia da paisagem...*
*Por entre umbelas roxas*
*surge a jóia cintilante de asas*
*na transmutação do cenário*
*de cintilações metálicas*
*da natureza amazônica.*
*Pedra de safira luminosa*
*faiscando nos lajedos*
*como mancha rica de cores*
*de ondas infinitas...*

*Sombra esgueirando-se em crepúsculo*
*atrás de corolas perfumosas*
*em folhagens reluzentes de orvalho...*

## *Adeus.*

*Barrancas íngremes*
*revestidas de sarãs*
*e samambaias a mesclarem-se*
*com rendadas palmas*
*da saudade...*
*Candelabros verdejantes*
*de melancólica claridade*
*contrastando no azulado*
*da colina.*
*— Vento, ao passar*
*não desperte o imenso*
*túmulo encoberto,*
*teatro repleto de arbustos*
*desta mata adormecida...*

## *Beleza.*

*Mata de imbúias, copaíbas, sucupiras só miséria e solidão*
*troncos como urnas funerárias*
*guardando segredos e em guirlandas de folhas verdes.*
*Camarás em flor lagarteando ao sol*
*cobertas de infindável nuvem de borboletas.*
*Trinados, sons em surdina*
*grupos de lontras foliando*
*rompendo água em catadupas de prata nos furos e igarapés.*
*Onde os destaques são os galos-da-serra*
*no poente de ouro e púrpura*
*e a jóia de engaste verde, a flor da vitória régia.*

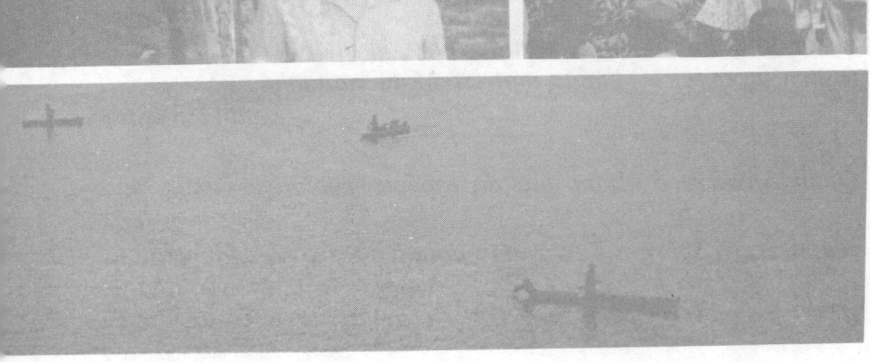

## *Extinção*

*Onde estão os pequenos e ágeis elefantes norte-africanos,*
*de Anibal ante as portas de Roma, que as pinturas máximas*
*da época mostravam? Auxiliavam, eram comuns em toda*
*paragem.*
*Onde foram parar os touros selvagens uros, linhas clássicas,*
*chamados de aurochs, dos tempos de Júlio César, há anos?*
*Mostre-me um só exemplar do bravo tarpan, o cavalo selvagem,*
*quase tão grande como um elefante, dos pequenos, é claro.*

*Foram extintos! Graças a matança impiedosa do inteligente!*



*A ave moa, forte corredora e tão grande como um ser humano,*
*extinguiu-se na Nova Zelândia, pelo homem, evidentemente.*
*O bisonte europeu desapareceu por completo. Exemplar raro!*
*A baleia da Groenlândia está extinta graças a mortandade.*
*As bonitas e graciosas gazelas do Egito tiveram o mesmo fim.*
*A quagga, notável espécie de zebra da África, metade*
*cinza metade listada perdeu seu último representante*
*em 1883 num parque zoológico de Amsterdã, em tratamento.*

*Por que não criar capivara e jacaré como boi,*
*racionalmente?*
*Isso é feito há milênios, sem prejuízo da quantidade.*
*Algum fazendeiro elimina matriz? Mata vaquinha,*
*estupidamente?*

*Quando morre o último par da espécie, sua raça jamais na*
*verdade*
*reaparecerá sobre a Terra, não adiantando arrependimento.*

*Pode-se destruir cidades inteiras e reconstruir-se, tudo bem,*
*mas uma espécie animal cujo último casal morre, sem outrem,*
*a descendência, não pode ser ressucitada ainda que leve*
*esforço da humanidade inteira! Por mais que lute o povo, é tarde!*
*Matando desenfreadamente onças e jacarés por mera futilidade,*
*o que acontecerá com essas e outras espécies, em tempo breve?...*

## *Selva mártir.*

*Chão de violeta, hortelã, mel-de-pau,*
*camélia, magnólia, hortênsia*
*e roxo maracujá mais acima*
*até alcançar mangueira,*
*cajuzeiro, bananeira, pessegueiro,*
*araçazeiro e pitangueira.*
*Mata de açúcar e perfume a envolver*
*rota de pássaros multicores atraídos*
*pela natureza em festa de gala.*
*Por que ao encontrar selva tão doce*
*e perfumada onde mata a fome e a sede,*
*o ser humano ainda tem coragem*
*de fazer cada vegetal um mártir?...*

## *Crepúsculo trágico...*

*Formosas várzeas vão desaparecer!*
*Onde as tintas ferrugentas*
*denunciam pés de mamoranas,*
*pataqueiras, caranás, aningas*
*e canaranas!*

*Embaixo o capim roído pelo*
*peixe-boi protege o marfim vegetal*
*da jarina e o fruto roxo*
*do açaizeiro atrai a passarada!*



*Sempre a presença traiçoeira*
*do homem civilizado a combater*
*a natureza!*

*Por inveja de sua beleza!*

*Bando de ateus!*
*Lançam uma hidrelétrica sem razão,*
*a não ser pelo prazer de destruir*
*obras criadas por Deus!...*

## *Plumas de ouro.*

*No bosque sereno e augusto*
*de paz sepulcral em caminho*
*na caída espiritual da tarde*
*em meio da estrada antiga*
*entre grotas e planuras*
*tendo sol ardente em chamas*
*que anima inflamando atento*
*surge a flor rara no verde*
*de purpúreo diadema brilhante*
*germinando da natureza*
*força aberta em flor juventude*

*pluma de esperança altiva*
*expansão de vida e beleza*
*dando nova vida a floresta*
*acariciando a paisagem viva*
*continuando aureolada em haste*
*enriquecendo a beleza serena*
*plumas de ouro suas flores.*

## *Sina.*

*No alto da sapopema comovida*
*seu brado foi inútil.*
*Nas estepes infinitas*
*das florestas aparentes,*
*nos outrora lagos ferventes de vida,*
*dos banhados das sucuris.*

*Nos campos de inhumas e cervos*
*da terra rubra dos chapadões*
*da selvática esplendidez, o mesmo aconteceu.*

*Na toca da canguçu de terríveis macharrões*
*do respeitável gatão,*
*do monstruoso audaz jacaré*
*de lendária lágrima falsa,*
*da arraia, do pirarara, apesar do aviso,*
*o ser humano também será*
*como casca da mata-matá*
*transformada em maracá...*

*O homem cabisbaixo lamentando aos borbulhões*
*assim como nas matas puras,*
*sucumbirão triste pena*
*por obra do mesmo humano,*
*pior do que a piranha assassina*
*que um dia lamentará solitário*
*sem ter mais com quem conversar,*
*com quem lamentar sua sina...*

## *Velho pessegueiro.*

*Verde tremulante, esguia imagem,*
*pulsar de sangue ativo*
*de sobranceiro porte*
*que a brisa movimentava*
*no perpassar do choro comovente.*

*Rodeado da bola aurifulgente*
*produzindo fruto dulcíssimo*
*e alvura do luar*
*envolto em túnica de prata.*



*Pessegueiro da infância*
*confidente companheiro*
*rosa e verde da Mangueira.*
*Casa de duendes e sonhos*
*ninho de esperanças*
*e de aves inquietas.*

*As vezes roupas dando sombra amiga*
*outras, pelado e feio.*
*Ouço ainda seus gemidos surdos*
*no céu de veludo anil*
*a trazer saudades da infância*
*lembranças do que não voltou...*

## *Amazônia cobiçada.*

*Floresta de duendes, lendas,*
*gnomos e sereias. Crendices, mitos.*
*De pássaros raros: galos-da-serra*
*por cima do chapéu-de-sol*
*do arvoredo gigante jequitibá*
*descendo epífitas guirlandas,*
*cipós, chuveiros vegetais,*
*nas várzeas bucólicas ensolaradas*
*nas clareiras das matas,*
*tendo asas brancas riscando*
*o azul do firmamento profundo*
*a todo instante sem parar*
*como velas de barcos ilusórios*
*a transportar sonhos forasteiros*
*e mil pensamentos incertos...*

## *Felicidade.*

*O aborígene amazônico é feliz.*
*Indivíduo apolíneo*
*entre túneis e abismos*
*das águas que conhece bem.*
*Junto do Amazonas ciclópico*
*rodeado de tabas indígenas,*
*homens no vai e vem catando*
*castanhas na floresta.*
*Entre potes de barro a igaçaba,*
*onde o índio recolhe os despojos*
*de seus mortos. Suas danças,*
*festejos, caçadas e pescarias.*

*Na mímica dramática e primitiva,*
*páginas escritas de heroísmo*
*do dia a dia. Homem de alimentação*
*frugal e brônzea resistência*
*a pisar em manchas alpestres do terreno.*

*É feliz até entrar em contato*
*com o civilizado da maledicência,*
*a alastrar o vício da cachaça...*

## *Inveja de Caim.*

*Sítios sombrios distantes, floridos, emoldurados*
*por troncos brutais de imbaúbas, tamanqueiras.*
*Rios puríssimos de extensas praias alvas,*
*das barrancas verdejantes, do calimico e da doninha.*
*Uma família repousa a tarde. Os homens nus,*
*as fêmeas idem na tarefa do lar.*
*Apenas uma faixa fibrosa em forma de "Y",*
*na cintura, cobrindo as partes pudendas.*

*Felizes brincam as crianças na esplendorosa*
*nudez. Até quando chegam a adultos.*
*Pintados com urucum em caprichosos arabescos*
*mais a tinta do genipapo, completam a alegria.*
*Pujança feroz, harmonia e simetria.*
*Vivem na paz constante das festas sem os problemas*
*do invejoso homem branco, na espreita.*

*Dai seus pecados. E por não ter doença, admirados.*
*Cabelos longos e negros, físicos perfeitos,*
*meiguice na fêmeas e arrojo nos machos.*
*Sem conta para pagar no fim do mês, aluguel,*
*não usando relógio, dai a inveja*
*maior, da atitude irresponsável do civilizado.*
*Disposto a acabar com tal privilégio:*
*como pode o inculto viver melhor que o letrado?*

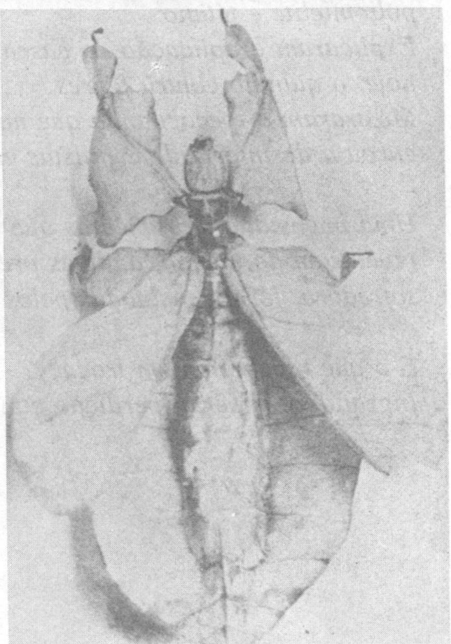

## *Cara retribuição.*

*Alguns remédios que o civilizado conhece hoje*
*o índio já conhecia há muito!...*

*Os índios da Amazônia ensinaram aos civilizados*
*os valores terapêuticos da erva-mate e do guaraná.*
*Alcançavam o sono usando a flor da datura*
*e a folha do ipadu como soporífero.*
*Mostraram o uso do timbó, hoje largamente*
*conhecido como eficiente inseticida.*
*A massa preta e venenosa na forma do curare*
*hoje está relaxando músculos de pacientes submetidos*

*a intervenções cirúrgicas e em vítimas de*
*poliomielite e tétano.*
*Explicaram a aplicação da casca da árvore quina*
*hoje, o quinino contra febres.*
*Mostraram a ipecacuanha que no passado muitas vezes*
*curou a desinteria de cientistas europeus...*

*Uma imensidão de remédios que os naturalistas*
*revelaram ao mundo, dádivas preciosas para a humanidade*
*sofredora, foram ensinadas pelos nativos da região...*

*E o que receberam em troca?*
*Ingratidão, miséria, perdição e morte em agonia...*

## *Flores da ilusão.*

*Na luz do arrebol*
*de sapucáias cor de rosa*
*de loiros pau-darcos*
*nas frondosas copas*
*abrindo em flores*
*no movimento sensual*
*lançando frases de ternura*
*ou dançando nos galhos*
*árvores que estendem*
*os braços da amizade*
*acolhem caminheiros*
*e onde podem abrigar*
*serpentes...*

## *Árvores do adeus.*

*Estrelas de prata*
*a sair de jatobás*
*e quaresmeiras.*
*Salgueiros, pindobas*
*cercados de samambaias*
*como pérolas vivas*
*nas seringueiras,*
*perobeiras, mangabeiras*
*de fios verdes a jorrar*
*como a água pura da fonte*
*num verde adeus coletivo,*
*num festival de perdão.*

## *Seringueira.*

*Mal o sol inicia junto ao velho lago*
*por entre cipós e a trepadeira rente*
*vai perdendo lentamente o sangue branco*
*em ''V'' tendo na forma de corrente*
*trazendo sofrimento no lugar de afago.*
*Por entre nuvem forte de insetos na*
*floresta longa e primitiva de encanto*
*onde inicia seu fadário comovente.*

*Cortes vibram as canções trazendo*
*o mal ao invés do amor-carinho.*
*No lugar de admiração o homem ágil*
*cortando e golpeando seu caminho*
*vai dilacerando o vigoroso flagelado*
*da copa de verde-mar gemendo*
*a cada lance do martírio realizado.*

*Seiva de amargura em meio a selva bruta*
*de tristeza e pavores alcançados.*
*A presença do homem causando espanto*
*de aves da alegria em luta de feridos*
*preocupado apenas em fazer o corte vil*
*na busca de fortuna achando desencanto.*

*Um gemendo pelos golpes desferidos*
*outro cantando na cadência atroz*
*tanto golpe dado na árvore um soluço*
*em cada ferida o sangue branco brota*
*na alma de mãe dadivosa a perdoar veloz*

*a perda da hévea o sangue em debruço*
*da árvore-mulher martirizada na agonia*
*sangrando de pouco em pouco dia a dia*
*apenas invejando a vizinha quaresmeira*
*que somente é admirada com emoção*
*em seus galhos de ninhos há melodia*
*sinos tangendo em amarela vibração*
*pássaros e flores em tamanha alegria.*

## *Atração maior do teatro verde e luxuriante.*

*No mundo-verde tudo chamava atenção de muita gente,*
*a garganta de cristal do pequeno uirapuru e tão só,*
*trinando no florido pau-d'Arco, por sua beleza,*
*outra atração. Acima da roncada do sapo-boi, presente*
*engrossando a turma variada com valor da realeza.*

*Do jacamim ventríloquo, do gavião-tauató, voadeiras,*
*do macaco-barrigudo, o da-noite. De centopéias mil,*
*cobras gigantes. Minhocas, embuás, avius, tucandeiras.*
*Transformações dos camaleões. Os vagalumes de anil.*



*Os chifres moles da ave unicórnio, fato impossível,*
*despertando curiosidades, ante boquiabertos passantes.*
*O rato-sem-rabo, único no mundo; a feiura da incrível*
*jaquitiranabóia que além de assustar dava vôos rasantes.*

*Os beija-flores (só na América do Sul), caprichavam*
*voavam parados enquanto as corujas jacurutús cantavam,*
*mochas, murucututús. A melodia embriagante do carachué.*
*A juruti-piranga, a pomba-trocal flutuando como papel.*
*O tatu-rabo mole, preguiça-de-coleira, irara-papa mel.*

*Todo muito chamativo e nada despertava mais atenção,*
*do que a tarefa perfeita do fenômeno aruá, em ação.*
*Estranho ser da Amazônia, um grande caracol que bota*
*seus ovos nas forquilhas dos ramos, a folha lota.*
*Antecipa com precisão o nível das enchentes no vale.*
*Seja qual for a altura, não importa, é ali exatamente,*
*que deverão chegar sem falha, as águas da enchente...*

# *Mártir.*

*Nativo, pertencia à nação manaus. Um jovem competente.*
*Dos seus, o mais poderoso princípe, interessado*
*em dar comodidade e progresso ao seu povo valente.*
*Figura de guerreiro do rio Negro, sem igual em atrativos,*
*lutando contra a invasão calamitosa lusa a atormentá-los,*
*acostumada a arrebanhar nativos*
*para sua feitoria e nelas escravizá-los.*

*Os infelizes silvícolas eram explorados*
*ganaciosamente em tempo de muita ocupação*
*por parte dos maus e exploradores civilizados,*
*nenhum trato e pouca alimentação.*



*Os gentios encontravam-se desamparados*
*da caridade jesuítica e transformados até*
*em exploração, sem concórdia,*
*mercadoria, disfarçada sob o manto hipócrita da fé,*
*da misericórdia.*
*Abandonado de qualquer socorro estranho, apanhado,*
*perseguido, não podia o nativo contar de nenhum lado*
*senão com seus próprios e fraquíssimos recursos.*
*Enquanto usava a intriga, o civilizado,*
*e o suborno, tribo contra tribo, atirando.*

*Até surgir Ajuricaba impondo e o respeito passou a ter...*
*O lendário herói durante anos exibiu o triunfo*
*conquistado em tão duras batalhas, merecidamente,*
*até o dia da traição,*
*foi apanhado de surpresa. Lutou até não mais poder*

*quando foi amarrado no barco, preso finalmente.*
*Vendo frustrado o plano de liberdade para seu povo*
*e fiel a seu princípio, sua tônica,*
*preferiu a morte a escravidão.*
*Atirou-se ao rio e desapareceu. Até hoje seu nome*
*é lenda. Sua fama era tal e seu prestígio forte*
*tão grande, que ninguém na região amazônica*
*entre os nativos acreditou na sua morte...*

*Hoje representa o cavaleiro redivivo da glória.*
*Sagrou-o a lenda embalsamando-o com seu perfume*
*de ilusão e mistério.*
*Ajuricaba é muito mais para a História*
*que um mito de poesia e de esperança. Um lume.*
*É na morte um símbolo de Liberdade,*
*porque foi na vida um intrépido lutador sério...*

*Triste sina a da Amazônia, valente, uma só*
*no planeta e abrigando malfeitores, destruindo*
*homens, animais, aves, peixes, matas e rios sem dó.*
*Que não abandonam a luta, para continuar existindo...*

## *Toque de Mestre.*

*Tudo na selva bruta tem o toque sutil*
*de Mestre.*
*Desde o simples limbo da floresta*
*no tronco polido do pau-mulato*
*as nódoas roxas das faveiras*
*são brocados coloridos*
*do soberbo espetáculo*
*eflúvios do plenilúnio*
*em ramas toscas da tajupá*
*na orla da mata tropical*
*de trinados em maestria*
*por altas e largas sapopemas*
*até estátuas em baixo relevo*
*no gramado de cetim vistoso.*

*Representam o toque inimitável*
*de um Mestre sem igual*
*e dono da natureza, a consertar.*
*Até o vento assobiando por entre*
*folhagens do matupá tem suavidade*
*de flauta.*
*São gotas abençoadas caindo*
*como gorjear com enlevo de um hino*
*aumentando rios de respaldo íngreme.*

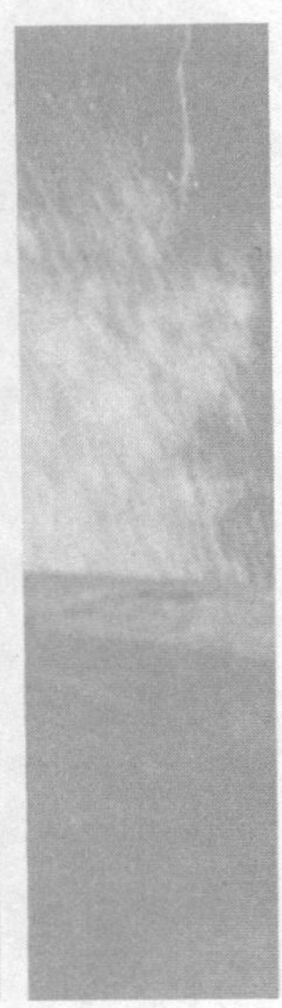

## *Cor e música.*

*No lusco-fusco da tarde morna convidativa*
*de urros, uivos e assobios selvagens*
*pardacentos arapapás e pipiras saltitantes*
*chocalhar de muitos guisos de maestros.*
*multidão de gigantes barulhentos em jequitibás*
*a animar em campos rasos igarapés de ingazeiros*
*carregados de frutos maduros de corpos leves.*

*No alto a majestosa concha de esmalte azul*
*mais abaixo gritos de socós e maguaris.*
*Na pelúcia verde da mata em flor no dia de gala*
*árvores vestindo-se de níveas florescências*
*e nos rios a coruscação da prata líquida*
*banhada pela luz do sol como anéis de fogo...*

## *Planta como gente.*

*O aparente raminho inocente surge*
*com o vento ou passarinho trazendo*
*e encosta na árvore gigante.*
*Minúsculo demonstra fraqueza*
*e começa a brotar lentamente...*

*O inimigo não avalia sua força,*
*menospreza as antenas malígnas.*
*Seus compressores fios*
*vão se ajeitando,*
*crescendo na árvore a qual se agregou.*
*Desce suas raizes para o solo*
*ao mesmo tempo em que desdobra*
*os órgãos no duelo da morte.*

*Amplia, multiplica. Forma uma rede,*
*em todos os sentidos com suas cordas*
*tal qual resistente mortalha*
*até não se enxergar mais a copa*
*e o tronco primitivos.*
*Não há árvore que resista*
*a couraça estranguladora dos fios de aço*
*do apuizeiro...*

*Mais uma vez o vegetal se parece*
*ao ser humano que chega como quem*
*não quer nada, de mansinho, sorrateiro...*
*E a espalhar boatos... Ramos da maldade.*

*Logo os mais vigorosos gigantes*
*enfraquecem, secam, morrem envolvidos*
*pela trama asfixiante da maledicência...*

*Quando não, junto do espaço que lhe é*
*dado por pena, ajeitam-se de tal maneira*
*que acabam ocupando o lugar por inteiro.*

## Canto maior.

*Por sobre a mataria, ricamente emoldurada,
como bola viva de púrpura, encantada,
o sol rebentara gloriosamente em raios,
dando mais brilho ao pau-darco, tesouro
florido de amarelo, como coberto de ouro,
iluminando a perfumada flora de mandinga,
da pataqueira, patchuli, do cipó-catinga,
priprioca, mão-de-onça e da japana,
macaco-poranga, pega-não-me larga e demais
aromas benditos; suaves cheiros sem iguais.*



*A harpia, maior águia das Américas,
barulhenta chegou como se fosse o máximo
da criação a obra-prima, mais importante
desceu exibindo o porte interessante,
a riqueza de cores nos traços e desenhos,
tão forte e admirada rompeu os lenhos,
exibindo o régio penacho e silenciou,
paralisada com o que ouviu se quedou,
mantendo o olhar fixo no pequeno sem linhagem,
diante de um ser de tão desgraciosa plumagem,
ao ouvir o milagre sinfônico, algo divino
calando a bicharada presente já sem tino,
o minúsculo passarinho modulando árias,
as partituras de seu repertório mavioso
exibidas em gorgeios e trinado vitorioso,
soltando a música entorpecente, ondulante,
o uirapuru que possue na voz silvestre
som de flauta suave e violino de mestre...*

## *Animal irracional.*

*Cada espécie animal ou vegetal tem seu espaço*
*no planeta, o habitat.*
*O tigre na selva, o urso no gelo,*
*o camelo no deserto.*
*O único bicho que não tem ambiente específico*
*é o homem.*
*Um intruso. Vem de fora, é incompatível*
*e essencialmente inadaptado.*
*Um ser a parte no mundo animal,*
*não leva a vida natural, precisa cozinhar*
*para se alimentar e construir para habitar.*
*Não dá valor ao ar como a andorinha,*
*nem tem respeito pela água, como o peixe.*
*O homem, totalmente desadaptado à Terra,*
*é um estranho no ninho da mãe natureza,*
*por isso não a respeita...*

*E o pior é que ele está esquecendo-se*
*de que ao vir para o mundo não foi jogado*
*no deserto. Prepararam antes um belo jardim*
*a fim de recebê-lo, onde não faltavam frutos*
*deliciosos, rios de águas cristalinas e peixes;*
*aves e animais.*
*A terra árida, não é fatalidade. As áreas*
*sem vida, de hoje, são obras do ser humano.*

*O planeta sobrevive sem o homem. Melhor até.*
*O homem é que não sobrevive sem o planeta.*
*Infelizmente o ser humano ainda não percebeu*
*que devastando a natureza que o rodeia,*
*na febre incontida, está destruindo a si próprio...*

## *Voz vegetal.*

*Nos pântanos de arenito*
*labirinto de raízes,*
*varridos pelos alísios.*
*Nas formosas varzeas,*
*escarpas e penedos*
*de povos nômades atentos.*
*Nos charcos e manguesais,*
*furnas e cavernas,*
*de características amazônicas.*
*Nas gargantas das rochas,*
*em verdejantes pastagens,*
*clamam imploram esbravejam,*
*vozes vegetais em delírio,*
*a aproximação do martírio,*
*trazido por mãos do mal...*

## *Árvore solitária.*

*Mal purpureada de rubor*
*sintetizando*
*a primavera que abriga,*
*no declínio do sol*
*da mata iluminada*
*a árvore solitária*
*entre flores agrestes*
*vestidas de nuvens claras,*
*em seu virgem calor*
*já abriga fios de luar*
*nas folhas alvoroçadas*
*com mel em cada fruto*
*e coração a pulsar...*

## *Sete quedas.*

*Militar quando não mata, desmata...*

*Por que submergiram Sete Quedas (fora da Amazônia),*
*com todas as florestas e animais*
*que havia ao seu redor?*
*(Foi para melhor?)*

*Por que destruiram a obra-prima que a natureza*
*levou milênios para esculpir?*
*(Não é para sentir?)*

*Por acaso foi Deus, num cataclisma, terremoto,*
*através do furacão atroz,*
*ou algo como castigo tão feroz?*
*Com o direito do quem põe pode tirar?*

*Não. Foi trabalho de quem se julgou maior, além de matar...*

*Foram os soldados da destruição.*
*Incompetentes que meteram os pés pelas mãos.*
*Sádicos, ávidos de ambição...*

## *Infinita paz.*

*Trecho de selva bruta*
*templo de encantos mil*
*alma da terra silente*
*de copa melódica*
*florida como versos*
*refúgio de pirilampos*
*onde só cantam fadas*
*sacerdotizas em preces*
*longe da turba humana*
*de rudeza grandeza*
*trazendo dorida música*
*nos amargos lamentos.*
*Que nunca apareça ele*
*o Homem com sua maldade*
*atingindo a correnteza*
*a celestial altura*
*das verdes catedrais*
*mantendo a vegetação*
*a paz entre os animais.*

## *Ânsias de eternidade.*

*De pé ainda*
*na estampa alegre*
*do verde tapete querido*
*na crespa relva quente*
*de ardentes desejos*
*padeço e penso*
*como qualquer vivente.*
*De pé já há cem anos*
*peço à terra mãe*
*clemente*
*ouvir-me*
*atenta a todos os áis*
*no jardim suspenso*
*um pouco mais*
*de existência*
*ou não morrer nunca*
*mais...*

## *Brisa da poesia.*

*Na calmaria da flora do estuário*
*à flora das nascentes*
*mundo de tambaquis, pirapitingas*
*a floresta farfalha,*
*a fauna pernalta acompanha peixes,*
*galga cachoeiras*
*no aranhol hidrográfico*
*até chegar a hidrelétrica*
*a afogar gramíneas, rápido,*
*como o raio que fulmina*
*do chão ao alto de enormes angicos,*
*carnaúbas e cajazeiros.*
*Triste invenção do demônio*
*como fúria desencadeada*
*dos ventos a matar e matar*
*somente...*

*E acabar com a brisa da poesia...*
*E apagar um sempre-verde coração...*

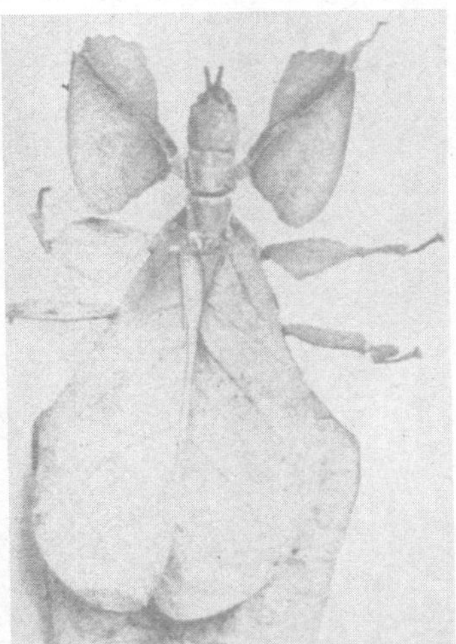

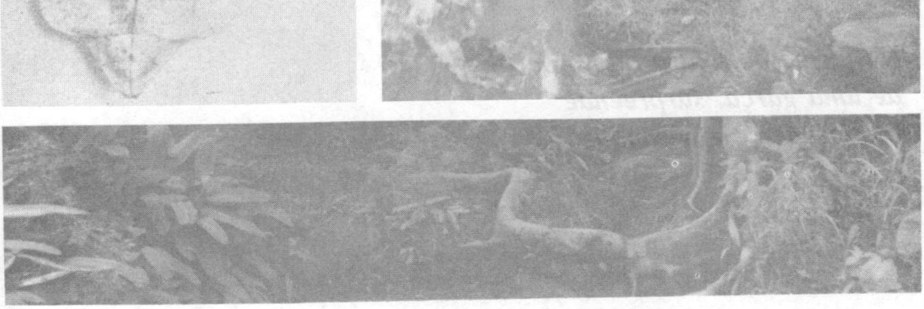

## *Água misteriosa.*

*Formosa ninfa habita a região*
*de variadíssimo folclore.*
*Tanto surge em desaguadouros*
*como por entre a galharia*
*pendente das ravinas.*
*Aparece em lagoa e igarapés*
*seduzindo índios e caboclos.*

*Sempre que desaparece um rapaz*
*atribui-se a desgraça*
*aos ardis apaixonados da Yara.*



*Figura alarmante das águas*
*e estonteante na terra*
*nas malocas e mocambos,*
*em cidades e velórios...*
*Sereia irresistível entre horrores.*
*Yara,*
*metade mulher metade peixe;*
*seios fartos, cabelos longos,*
*cauda de escamas multicores.*

*Encanta e leva a vítima*
*para o fundo dos rios.*

*Na forma de lontra ou no perfil*
*de uma garça, surpreende*
*o imprudente e o conduz*

*para seus domínios. Um palácio*
*de coral recoberto de ouro,*
*cravejado de safiras,*
*enfeitada de algas por todos os lados.*

## *Sementes ao vento.*

*Planície amazônica de canafístulas,*
*da temida pororoca,*
*varzeas infinitas em perigos a dar,*
*de cores inigualáveis*
*do negro-dourado, azul-cinzento,*
*pardo-vermelho,*
*fulvo-malhado, mel-tabaco,*
*glauco-aço de flores e folhas,*
*grita a todo pulmão*
*como sementes a alertar*
*para poder sobreviver.*



*Enfrentou a cruz do padre*
*a espada do soldado a, lutar,*
*o machado, o fogo em*
*batalhas no vai-e-vem*
*e tem*
*agora que brigar*
*contra a hidrelétrica que pretende*
*toda a beleza acumulada em anos,*
*afogar...*

## *Orquestra perfeita.*

*Floresta de argênteas vocalizações em vôos divagantes*
*capricho da natureza tropical nos igapós sombrios*
*lençol sem fim de igarapés na dança das serpentes*
*emoldurada de quarubas de copas arroxeadas*
*tendo borboletas crepusculares jogadas no ar*
*enfeitando sons vibrantes da passarada em delírio.*

*—Por que*
*o afinado alarido de mil bocas em explosões histéricas?*

*—Estão*
*cumprindo a missão de Deus entre folhas ramas e seivas.*
*Dar à mata silenciosa imersa em tênua luz da criação,*
*o som da alegria, notas de cítaras e violinos,*
*nos trinos e regorgeios repentistas de imprevistas variações...*

## *Alvorada de esperas.*

*No toque da flauta sonora*
*a entoar cantos de glória*
*vegetais acalmando dores*
*remédios tão milagrosos*
*jogados por entre orquídeas*
*e vistosas samambaias.*
*Vassourinha, mil-folhas,*
*ioimbina, catuaba, cássia,*
*malvaísco, quina-quina,*
*artemísia, alfazema, freixo.*
*Essências de plantas raras*
*que curam como por encanto*
*nas florestas tropicais.*



*Das raizes do dente-de-leão*
*às flores da violeta.*
*Tapiá, alecrim, jacuacanga,*
*ipê-roxo, pau-darco, jurubeba,*
*pinhão-branco, urucu, alfavaca,*
*sapucaia, ipecacuanha, puejo,*
*salgueiro, camomila, guaco,*
*chapéu-de-couro, quebra-pedra.*

*Na aurora a despertar*
*na terra da lua cheia*
*onde cantam esperanças*
*selvas de mágicas flores*
*enfeitadas de aves caras*
*não aguardam agradecimentos*

*esperam só no final da luta*
*que o homem mal agradecido,*
*curado, siga seu caminho*
*inglório de destruidor*
*e a paz volte a reinar*
*nas florestas de mil sonhos...*

## *Natureza bela.*

*Em pleno azul celeste*
*nuvem de incenso*
*sussurros de preces*
*na algazarra vegetal*
*pesada de filhos*
*nas folhas enferrujadas*
*dos matagais*
*o seio opulento*
*loiro de frutos*
*lantejoulas de orvalho*
*em despedidas*
*floridas em cada galho*
*troncos vertendo líquido*
*gotas como lágrimas*
*da seiva forte*
*harmonia de sons*
*iluminando as campinas*
*vales e serras...*

## *Feliz no seio verde.*

*Belo mundo de águas puras*
*entre flocos de neblina*
*nos cerrados de tabocas*
*na calma das coisas adormecidas*
*encantador bramir das ondas*
*junto a folhagem das itaúbas*
*ao pé de palhetas das sumaumeiras*
*trilhando campinas verdejantes*
*sem a jacitara espinhosa*
*na abençoada natureza tropical*
*nem árvores angustiadas*
*paraíso terrestre do sertanejo.*

*Feliz no seio verde-escuro de cedros*
*nas elegantes matas ciliares*
*contemplando alegres colibrís*
*de tudo farto de vida, ainda,*
*porque não chegou o civilizado...*

## *Lágrimas sem rimas.*

*Plantas especiais em savanas,*
*águas precipitando-se em lençóis*
*bombeando em rebojos*
*abrindo funis aos pés da quaruba*
*retrocedendo em remansos*
*redemoinhando em espirais.*
*Região única no planeta a desafiar*
*a paciência evangélica dos naturalistas.*
*Pena que poucos a estudam*
*enquanto muitos a destroem.*



*Onde passavam e repassavam pirilampos,*
*restam rastros de botas sujas,*
*impurezas das almas criminosas...*

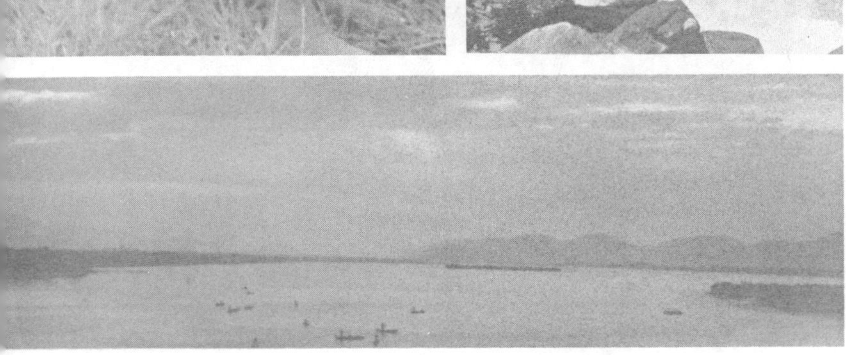

## *Selva iluminada.*

*Dando mais doçura ao ananás*
*perfume ao jasmineiro*
*beleza na flor do maracujá*
*coroados de embiras e imbiruçus*
*protegidos pela figueira enorme*
*resguardadas por gravatás*
*refrescados pelo balanço calmo*
*da palmeira dendezeiro,*
*a luz surgia no crepúsculo*
*dando mais vida ao verde*
*através dos ramos da casuarina*
*de aves pousadas em rimas*
*como miragens de saudade...*

## *Demônio e delírio.*

*Bailava o jacamim-cunhã no pau-marfim*
*ondeando o corpo em suaves curvas*
*como água cantando entre pedras*
*saqueando palácios verdes de vitórias-régias*
*campos e vales cravejados de esmeraldas*
*numa dança de encantadora delícia*
*assistindo em coro flora e fauna*
*deslumbradas no teatro natural.*

*O tiro certeiro o apanhou com fúria*
*como infalível trovoada a se estender*
*num eco de gritos lamentosos.*
*A alma rústica e sensível da mata*
*silenciou de vez quando o palco ruiu.*
*Os despojos do morto ficaram de vez*
*entre ramos e gravetos, abandonados.*
*A platéia calou-se serenamente*
*e sem mais se recolheu indignada...*

## *Mais, para que?...*

*A suavidade da flauta maravilhosa*
*do canto do uirapuru em liberdade*
*pela orla da mata calma de ar puro*
*foi atingindo lagos e igarapés*
*em correntes caudalosas transparentes*
*chegando em tosco mocambo*
*de grossos couros de anta*
*amuletos e rosários na parede*
*xerimbabos à sua espera e tão contentes*
*cuiambucas de caxiri junto da massaranduba*
*mixira de peixe-boi vinho-de-assai*
*paçoca de saúva torrada*
*carne de caitetu com pimenta-morupi*
*farto paneiro de farinha dágua*
*jurubeba em quantidade no pote*
*rede na parede — araticu no quintal*
*ponteados de viola enquanto se prepara*
*com aromas deliciosos de jaraquis,*
*curimatãs assados, pacus, pirapitingas*
*no clarão aquecedor da fogueira viva...*
*— Melhor, estraga! — Diz o sertanejo*
*para a sã e bonita cabocla carinhosa.*

## *Som mais alto.*

*Trilhando campos, serras, pantanais silentes,*
*orlas de bosques em flor na natureza hostil,*
*magníficos arcos do triunfo a cantar vitórias,*
*muralhas coroadas de vegetação espessa, viva,*
*o rio serpeava por entre vales e colinas,*
*curso d'água de ouro e diamantes escondidos,*
*a banhar formas de pé como canudos de órgãos*
*em todas tonalidades de verde em redemoinhos.*

*O camaleão na forquilha da árvore no nevoeiro*
*debruçando sobre a água límpida e fresca*

*a confundir-se com a tonalidade verdadeira*
*não notou a chegada sorrateira do homem-fera.*

*Só o boto fungando junto da canoa traiçoeira*
*no espelho sereno das águas puras, alertou,*
*o aviso correu na praia por linhas de sarã.*
*Sinal entendido todos colaboraram no alerta*
*da elegante árvore buriti sentinela da paragem*
*ao espesso maciço de arbustos e a grama rente.*

*O criminoso ronco da moto-serra foi mais forte,*
*a derrubar toda a abóbada, capricho da natureza,*
*arvoredo ruindo como frágil castelo de cartas*
*pondo por terra a vegetação com aspecto de rocha,*
*beleza harmônica de troncos, inútil cerca viva.*

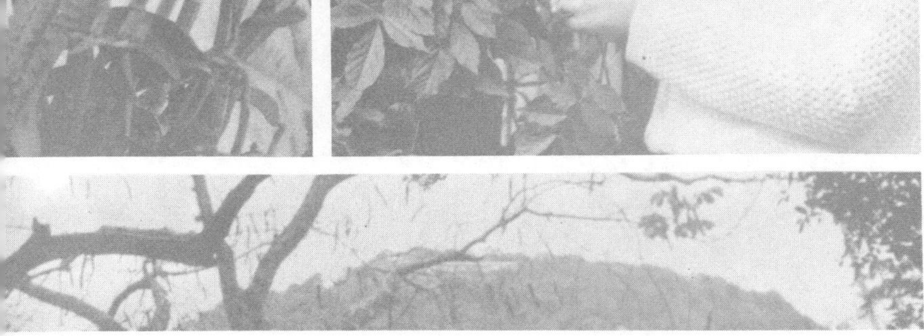

## *Fecunda arena.*

*Gigantesca arena verde*
*de beleza pagã sem igual,*
*terra plástica e mole da*
*planície à montanha.*
*Onde o sol surge vacilante*
*de início, até explodir*
*na chiadeira dos grilos*
*num quadro bíblico*
*visto do alto da colina.*
*Entre capulhos de nuvens*
*a corda potâmica em baixo*
*de radículas tentaculares*
*molha a terra pardacenta*
*no aranhol lacustre e flúvio*
*forma o horizonte amazônico.*

## *Migalhas de amor.*

*No horizonte longínquo*
*de vegetais em bandeiras*
*a fulgurar florescentes*
*na manhã dos frutos verdes*
*banhados de vento sul*
*a flor que treme e palpita*
*balançando bulbos encantados*
*ilusões que pendem*
*das hastes em delírio*
*dando a vida a quem morre*
*guardadas no orvaiho*
*da madrugada da sorte*
*como a semear esmeraldas*
*líquidas pétalas frescas*
*acumuladas também*
*das chuvas do céu escuro*
*na lição de eternidade.*

*No corpo esguiu da árvore*
*da mata onde sucumbem*
*animais dos mais diversos*
*pela sede inclemente*
*algumas gotas ainda resistem*
*nos cálices em desfile*
*para o canto do sabiá-coleira*
*na floresta da montanha*
*são esperanças contidas*
*em folhas bandeiras do amor*
*chuva-sereno em pensamentos*
*profundas migalhas de amor.*

## *Folhas mortas*

*Por entre bagas amareladas*
*nasceu e envelheceu*
*sem sair dali, velha morada.*
*Leque de esmeraldas,*
*abrigou cantigas mil*
*de aves fracas e velhas,*
*deu abrigo a mocidade,*
*enfrentou ventos da vida.*
*Lufadas a rugir furiosas*
*nas sanhas das procelas*
*como tinir de ferros feios,*
*vencedor de todas elas.*
*Teve fome e fadiga. Frio,*
*sede e ilusões perdidas*
*como todo humano é capaz*
*e agora no fim, tomba igual.*

## *Transformação da natureza...*

*Na quietude da selva*
*de couraças vegetais,*
*gigantescos troncos centenários*
*de plumas farfalhantes*
*e pólens fecundantes*
*onde tudo floresce e frutifica,*
*debaixo de frondosas copas*
*a natureza apresenta,*
*curiosa transformação.*

*Das extremidades das patas*
*sem vida, brotam minúsculos*

*fios verdes.*
*É a mudança repentina de animal*
*em vegetal!*

*A formiga come a semente venenosa*
*e o tóxico fulminante*
*transforma o inseto caído*
*na forquilha da árvore, em vaso.*
*Como se alí fôra plantado um cipó.*

*É a força procriadora do ambiente*
*entrando em ação!*

*Os verdes fios da liana caem*
*como chuveiro vegetal*
*e o vasinho animal passa a*
*decorar a floresta silenciosa*
*de mistérios e curiosidades...*

## *O sapo e o ipê.*

*— Um portento a sua copa!*
*Árvore de santa majestade,*
*cujo ouro atrai olhares*
*espalhados na verdejante*
*camurça da natureza!*
*Mas tamanho não é documento!*

*Você desperta insana fúria,*
*nas rivais inconformadas*
*de ramagens menos chamativas,*
*por entre lustrosa folhagem*
*em cujos seios fartos dormem*
*milhares de vagalumes!*

*Tendo até a abelha a roubar*
*pólens nas frágeis flores,*
*no frescor da manhã nas selvas,*
*catedrais verdes junto a*
*outras gloriosas e seculares*
*a semear sombras no paraíso!*

*— Mas eu — disse o sapo-cunuaru —*
*considero-me mais importante!*
*Não tenho seu porte por certo,*
*mas o ninho que faço de secreções*
*odoríferas é muito procurado,*
*mais do que suas folhas, ipê!*
*Composto apenas de resina cheirosa,*
*ao ser queimado no quarto das*
*jovens caboclas na habitação,*
*lembram essências aromáticas!*

## *Asa impaciente.*

*Beija-flores procurando*
*douradas, cerejas, azues,*
*brancas flores no jardim*
*de seios delicados*
*a exibir doces favos*
*num poema sem igual*
*agitando a mata calada*
*de pálido cetim.*
*Tintas graciosas no ar*
*movendo asas aflitas*
*do róseo ao carmim*
*escarlates majestades*
*na aurora do horizonte*
*de exuberantes flores*
*tentam almiscar perfume*
*da copa de flor em flor*
*até achar a preferida*
*onde saciam alegremente*
*fome-sede de mil desejos...*

## *Beleza pagã.*

*Na calma orla ribeirinha,*
*dos jiraus de paxiúbas,*
*descem festões que ornam e emaranham a selva.*
*Lianas pendem, assistidas por nuvens preguiçosas,*
*desabam folhagens, galhos e ramos, na lua cheia.*
*Nos lagos e igarapés*
*nas cataratas celestes*
*ornadas de árvores aquáticas, ao coaxar das rãs.*
*Há sempre exibição de raridades*
*na terra do cravo e da baunilha.*

## *Progresso fatal.*

*Que progresso rápido é esse que pinta*
*de negro o azul do céu?*
*Impedindo a penetração benéfica do sol,*
*desorientando multidão de aves aquáticas,*
*prejudicando relvas, arvoredos em flores*
*de jardins suspensos?*
*Matando caudalosas cachoeiras*
*de tênues raios de luz a devassá-las,*
*brecando a força impulsiva da natureza,*
*o pintor a exercitar o seu talento?...*

## *Bruma incandescente.*

*Na paisagem colorida*
*por arvoredo de seda*
*de mágico tesouro*
*natureza exuberante*
*em coletivo delírio*
*no céu de primavera*
*a coroar majestades.*
*Palmeiras a namorar*
*em copas rendilhadas*
*esbanjando açúcar rosado*
*nos frutos amarelados*
*rico manjar de pomar*
*avermelhado pela manhã.*

## *Destruição.*

*Não são somente o machado insano e cruel*
*e o fogo fácil que atormentavam sem parar*
*índios e animais fugitivos do calor,*
*galhos e ramos de acapus, maçarandubas,*
*copaíbas, cedros, sapupiras, carnaúbas.*
*São as inundações provocando pavor*
*pelos homens; as usinas hidrelétricas*
*com perdas para a natureza inconformada,*
*das carapanaúbas, pracaúbas e macaúbas,*
*dos altiplanos à várzea ameaçada.*
*Não olham ecossistemas. Não oferecem*
*segurança. Todos são afetados pela barragem.*
*Quando chega o arrependimento inevitável*
*do perigo,*
*de ver tanto cadaver exposto em tronco,*
*escama, pelo e pena, simplesmente dizem*
*sem castigo,*
*que erraram mais uma vez. Lamentável...*

## *Fantasia delirante.*

*Natureza exuberante*
*aprazível, magnífica, saudável*
*cortina de florestas*
*tendo Venus no horizonte*
*doçura de clima*
*sem ciclones ou vendavais*
*nas orilhas verdoengas.*
*Páginas do Gênesis,*
*vida bárbara e primitiva*
*fantasia delirante*
*de marujos, soldados,*
*aventureiros, cientistas,*
*sempre a procurar o melhor*
*e nada dando em troca a não ser*
*o fantasma da desolação,*
*a morte na queimada, no mercúrio,*
*o afogamento da floresta virgem.*

## GLOSSÁRIO PARA FACILIDADE DO ESTUDANTE
(Série "Horizonte de encantos")

**Afluente** — que aflui, curso de água que vai ter a outra corrente fluvial ou lago.
**Agreste** — relativo ao campo, silvestre.
**Aluvião** — depósito de cascalho.
**Anelo** — desejo veemente, ânsia.
**Arauto** — oficial que, nas monarquias da Idade Média anunciava guerra.
**Arrebol** — vermelhidão da aurora ou por do sol.
**Capulho** — envólucro da flor do algodão.
**Catadupa** — cachoeira.
**Confluente** — que conflui, rio que vai juntar-se a outro.
**Coruscação** — fulgor súbito.
**Defluente** — que deriva um líquido, ir correndo..
**Devaneio** — capricho da imaginação, sonho, quimera.
**Eflúvio** — fluido sutil que emana do corpo.

**Epífitas** — vegetal que vive fixado a outro sem ser parasito.
**Estiagem** — tempo seco depois de tempo chuvoso.
**Estrondo** — grande ruido.
**Flamante** — de cor ardente, de chama.
**Flúvio** — com respeito a rios.
**Fragrância** — perfume, aroma.
**Frêmito** — som frouxo, mas áspero, rumor.
**Fronde** — a copa das árvores.
**Fulgural** — relativo a raio ou relâmpago.
**Fulvo** — alourado.
**Furo** — na Amazônia, comunicação natural entre dois rios.
**Girândola** — roda com orifícios para foguetes.
**Glauco** — verde-claro.
**Guirlanda** — cordão ornamental de flores, ramagens.
**Grupiara** — cascalho ralo com pouca terra.
**Igapará** — braço largo de rio.
**Igarapé** — estreito canal natural entre duas ilhas.

**Igarité** — barco de um mastro só.
**Igapó** — mata cheia de água.
**Íngreme** — escarpado, difícil de subir.
**Itacoatiara** — inscrição ou desenho na pedra.
**Junquilho** — planta bulbosa e aromática.
**Lacustre** — referente a lagos.
**Liana** — cipó lenhoso.
**Lívido** — extremamente pálido.
**Macega** — relvado, erva daninha.
**Mavioso** — suave, enternecedor.
**Monchão** — veio da terra firme onde se encontram diamantes.
**Multicor** — igual a multicolor, que tem muitas cores.
**Orla** — borda, margem.
**Paradouro** — lugar onde o gado costuma reunir.
**Pecíolo** — parte da folha que prende o limbo.
**Perpassar** — passar junto, ao lado, roçar levemente.
**Planger** — chorar.
**Plenilúnio** — lua cheia.
**Poronga** — lamparina de cabeça.
**Radícula** — raiz pequena.
**Rebojo** — redemoinho do vento, espumarada da água.
**Repontar** — vir aparecendo, amanhecer.
**Respaldo** — efeito de respaldar, encosto na traseira.
**Rubor** — qualidade de rubro, cor vermelha.
**Rútilo** — muito brilhante, resplandescente.
**Sobranceiro** — que está superior, que domina.
**Solapão** — cavidade feita por erosão.
**Sorvedouro** — redemoinho de água, voragem, abismo.
**Tabatinga** — terra argilosa.
**Tapir** — "Tapir brasiliensis", nome científico da pacata anta, maior animal da selva brasileira.
**Umbela** — flores penduradas na forma de guarda-chuva.
**Varadouro** — lugar baixo e de pouca água.
**Xerimbabo** — na Amazônia, animal de estimação.

Este poeta e fotógrafo é também autor de:

**"No espaço não estamos sós..."**
(Estudo sobre o espaço cósmico e seus mistérios).

**"Amazônia, paraíso e inferno!"**
(O que é a Amazônia. Como sobreviver na selva e no mar).

**"Pantanal Silencioso. — Esplendor e agonia do último mundo verde".**
(Novela mostrando a destruição do Pantanal matogrossense).

**"Capitão Piranha".**
(Romance. Nada que o homem fazia contra a natureza ficava sem resposta. Cada crime tinha sua punição).

**"O semeador de acontecidos".**
(Histórias da Amazônia. Contendo mitos e realidades da parte do planeta que está sendo transformada de verde paraíso, em inferno avermelhado).

**"Madeira-Mamoré-Martírios. Caminhos da ilusão".**
(Ambição amazônica. Dos diabólicos trilhos da ferrovia Madeira-Mamoré, aos enganadores roteiros das Minas dos Martírios).

Do mesmo autor:

**"Selva assombrada".**

(Contos. O cheiro da terra, o perfume da mata. A vivência com índios, sertanejos e seus costumes).

**"Natureza morta. História viva".**

(Que ligações possuíam as personalidades mais importantes do mundo com a "Floresta Encantada"?).

**"Xarana. Viagem ao desconhecido".**

(Contos de ficção científica. Aventura, suspence, num mundo interessante e diferente).

**"Xerifes & Coronéis".**

(Crônicas. Luta e muita alegria entre a encantada fauna publicitária).

**"Cascalhos da promessa. Aventuras no garimpo do mal".**

(Histórias de garimpos e seus caçadores de ouro, envolvendo homens rudes e esperançosos. Mostrando as trágicas lições sobre os efeitos criminosos do mercúrio venenoso).

**"Grunas".**

(Da série: "Horizonte de encantos". Poemas sobre a Amazônia. "Grunas" e "Alma Verde").

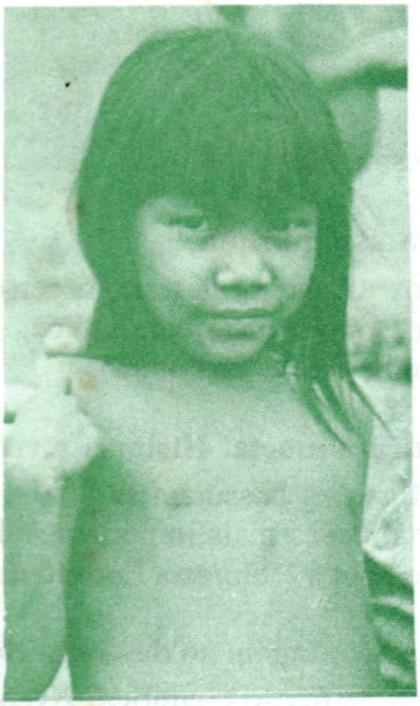

# alma verde

RENATO IGNÁCIO DA SILVA